任性出版

如果呼吸會胖，
就喝杯珍奶吧！

年年水逆，沒有運氣，至少我還有勇氣；
15 萬粉絲 IG 金句作家 chichi 首部圖文書

LINE 原創貼圖暢銷榜插畫家

chichi ⌣　　著

CONTENTS

可愛推薦

/ 新生代暢銷作家 /　知寒

幹話心理學

/ 療癒系 IG /　Nir 說

/ 作家 /　蘇乙笙

/ 厭世社畜圖文作家 /　垃圾人

/ 圖文插畫作家 /　咻咻熊

/ IG 人氣作家 /　山山

/ 療癒系 YouTuber /　小日刀口

/ 可愛大王 /　weiweiboy

﹟ 推薦語

　　每一頁都可愛爆擊！時而溫暖、時而幽默，就像是在讀一本大孩子的日記。寫著、畫著你我都曾遭遇的苦悶、迷茫，甚至是當下正經歷著的煩惱；有認真溫馨的成長箴言，也有搞笑厭世的解套方法。

　　這本書也像一封樂園的邀請函，一場現實的夢遊。不同的主題是不同的設施，有些可以一群人一起搭，有些要自己走。我們可以是裡頭任意一個角色，可以開心，也可以難過；可以努力，也可以休息；可以發光，也可以陪伴。

　　在這個世界，你可以做你自己。

﹟ 新生代暢銷作家　知寒

「你是一個可愛的人，我可以好好愛的人。」

問你哦，你還喜歡這個世界嗎？

小時候，我們總是會對周遭感到好奇，喜歡嘗試各種新鮮事物、會用心去感受生活；長大以後，懂得越多卻反而越害怕失去自我，凡事變得小心翼翼，活得越來越不像你自己。

世界沒有改變，變的是人心。如果你想要找回最初的自己、找回初心，那麼編編推薦你《如果呼吸會胖，就喝杯珍奶吧！》這本書。我很喜歡書中的每一幅插圖與文字，透過圖文療癒自我的內心──就算廢到不行，你也可以很可愛。

** 本文作者為心理學社群版主 編編

幹話心理學

人生當然要快樂，即使這個世界不總是那麼溫柔！很多時候，太在意討厭的聲音，是會不快樂的！就像 chichi 在書中說的：「這世界總有討厭你的人，不要因為別人的一句話，奪走了屬於你的快樂！」

從今天開始，試著把注意力輕輕的拉回自己身上，用更多的愛心和耐心，把內心滋養得肥肥的。然後，保持可愛、持續溫柔，充滿勇氣的做自己、愛自己！要記得，「當你成為你自己，才可以是任何你想成為的樣子」。

#療癒系 IG Nir 說

在日常裡，點綴一些美好的小確幸，生活就能變得很可愛──療癒插畫家 chichi 把這些瑣碎平凡的面貌，變成既有趣又療癒的色彩；她所塑造的每個角色，也都有屬於各自的魅力與特色。

人生總是有許多不如意，偶爾想偷懶、偶爾會疲憊，但願這本充滿溫暖、幽默能量的書可以治癒你的心，給你陪伴的勇氣！然後在自己多情浪漫的小宇宙中，繼續可愛的生活下去，即便年年水逆，也沒關係！

#作家　蘇乙笙

作者序

這本書《如果呼吸會胖，就喝杯珍奶吧！》，
收錄了 Instagram 的圖文精華，
也加入新的創作內容。

創作靈感來自於我的日常生活，
我喜歡把生活中發生的小事，
用繪畫記錄下來，
因為內容平易近人，
很容易寫進人們的心坎中。

時常收到粉絲留言，
說我很像他們的朋友，
總是可以猜中他們內心的想法。

我曾經收到一封讓我很感動的私訊：
「妳的文字已成為我生活中的必需品。」
謝謝你們把我看得如此重要。

本書共有 4 個章節，
包含自己、家人朋友、伴侶及夢想的層面，
內容有溫暖、可愛、搞笑、無厘頭的一面，
就好像 chichi 本人的個性一樣。

/

一直以來，我都不是一個活潑外向的人，
要主動開口和不熟悉的人說話，
對我來說很困難，
但在我的圖文世界裡，
好像任何想說的話，
都可以很自然的表達出來。

既然不擅長用說的，
我就用畫的吧！

希望你在閱讀的過程中，
可以被我的圖文稍微療癒到，
為你的生活增添一些可愛因子。

從小到大唯一不變的興趣就是畫圖，
繞了一大圈，
終於成功把興趣當飯吃了。

畢業後當了 3 年的護理師，
在工作的同時，
非常努力的創作、經營粉專；
以前在醫院上班雖然很累，
但回家還是想拿起筆畫圖、寫字，
那是我一天最放鬆的時刻。

要工作、又要創作確實不容易，
等於休息的時間都拿來畫畫了，
慶幸自己花了 3 年的時間努力，
換來了現在的一切。

我很感謝一路上有家人朋友的陪伴，
和最重要的你們的支持，
讓我在追求夢想的道路上不感到寂寞。

離職後我深刻體會到，
能擁有一份讓自己充滿熱忱的工作，

真的很幸福，
即使再忙、再累，也樂此不疲。

從沒想過可以出一本自己的書，
感謝出版社對我的信任與邀約，
為我的人生解鎖了一個很棒的夢想。

希望在未來的人生裡，
我們都不要把自己設限在一個小框框裡，
只要努力，任何事都有可能發生。

如果你和我一樣，有一個想追求的目標或夢想，
那我一定會支持你的！加油！

最後，
要感謝正在閱讀這本書的你，
有你的支持是我持續創作的最大動力♡

chichi ☺

chichi

給你溫暖、給你可愛，
笑點跟哭點極低，超級魚腦，
每天都要做的事就是
邊聽音樂邊畫圖。

87 小兔

人生沒什麼大志，只想當一坨爛泥，
以及擁有喝不完的珍奶。

生日快樂熊

不清楚自己是哪一天出生的熊熊，
很想要和其他人一樣過生日，
於是無時無刻都想戴著生日帽，
幻想每一天都是自己的生日。

小恐龍

在所有角色之中最大隻，
負責保護大家，是大家的強大靠山，
雖然平時喜歡打打鬧鬧，
但是其實是一隻很溫暖又可靠的恐龍！

球球

chichi 養的貓咪，是一隻胖胖的橘貓，
只要有肉泥就可以輕易收買她。

｜新書新角色加入｜

拼咕

不是企鵝，
是一隻粉紅色的狗狗，
粉紅色的日文唸起來是 Pinku，
所以名字叫做「拼咕」。

#YOURSELF

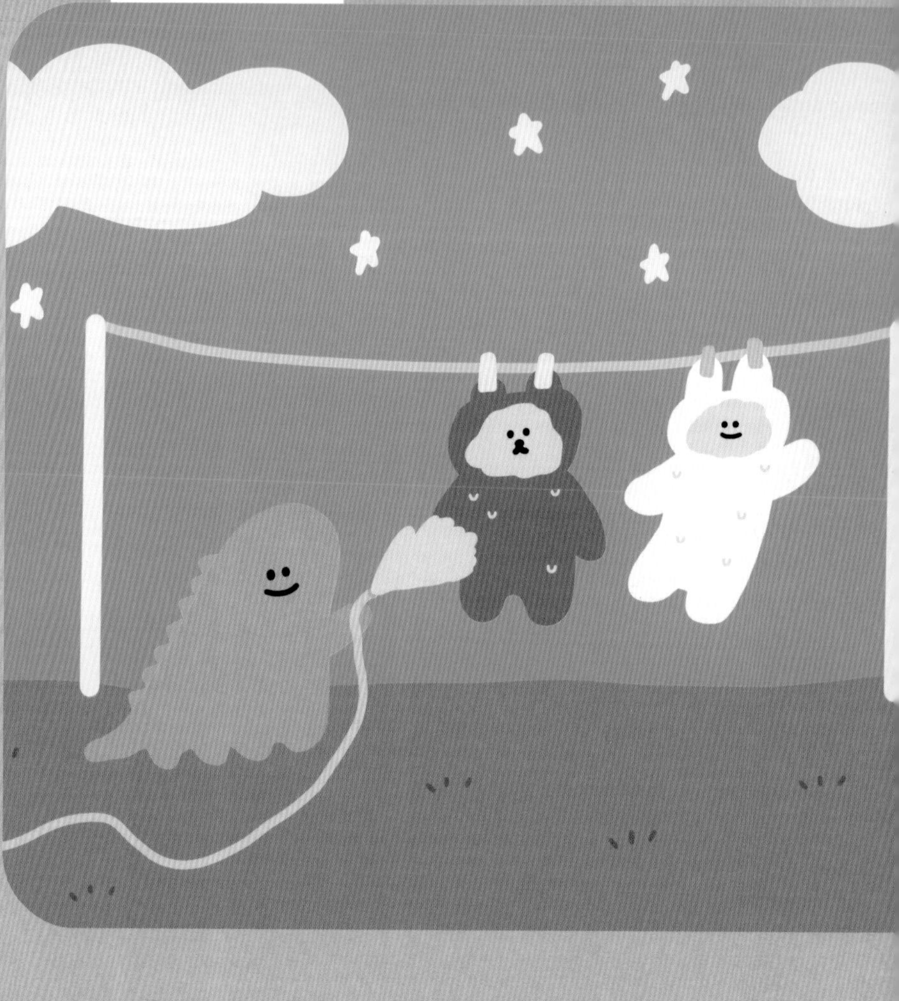

CHAPTER

1

如果呼吸會胖，
就喝杯珍奶吧！

跌倒了就別爬起來，
反正努力不一定成功，
不努力一定比較輕鬆。

努力當1個
快樂的小廢物

每個人都說：「要成功就要付出努力。」
但我們卻忘了，
不努力也是一種努力。

比起跟別人比較、讓自己不開心，
我只想努力當個快樂的小廢物！

當你努力得不到回報時，

不如好好吃飯、好好睡覺，

把自己照顧好，比什麼都重要。

請別把你的衰運
推給了水逆
就算沒水逆
你也是一樣衰

幸福一定會來敲門，
只是好事 90% 都不是你的。

當個魚腦吧！
把煩惱忘掉
健忘才幸福

腦容量這麼不夠用
別拿來想些不愉快的事
想我就好了

＃就是懶得理你，懂？

心情低落的話
就來一杯珍奶吧

Who cares? Cheers!

Live a happy life.

＃人生很苦，還好有你很甜。

如果連呼吸都會胖

不如喝珍奶開心點吧

你好，我要一杯奶茶。

冰塊？甜度？去冰，跟你一樣甜。

不安的時候，就告訴自己：
如果運氣不夠好，
至少我還可以拿出勇氣！

☺註：原出處為中國電影《獵場》。

人生總有那種時候，突然烏雲密布。
但親愛的你別擔心，雨過總會天晴。

很多時候……
只要一個擁抱
就可以給我無比能量

只想對你抱緊處理

你的人生不會因為
一次失敗而完蛋
唯有當你不再努力時
才是真的完蛋

跌落谷底沒什麼好怕
因為接下來的你
無論怎麼爬都在向上

Life was like a box of chocolates,
you never know what you're gonna get.
—— Forrest Gump

心很累的時候
給自己一些時間喘息
才有力氣繼續前行

狀態不好時，就放自己一天假，

好好休息、找回動力後，再重新出發。

有時停下腳步，你才會找到自己真正想要做的事！

長大的我們
必須學會生活
學會愛自己
學會接受這世上的
所有不合理與不公平

所謂的成熟大人，

最常說的就是「好」，不喜歡的事情也說好。

你可以不懂自己，但你一定要知道自己不想要什麼。

如果呼吸會胖，就喝杯珍奶吧！

HAVE A
NICE DAY

不管你這個人個性好與壞
都會有討厭你的人存在
不要因為別人的一句話
奪走了屬於你的快樂

#FAMILY AND FRIENDS

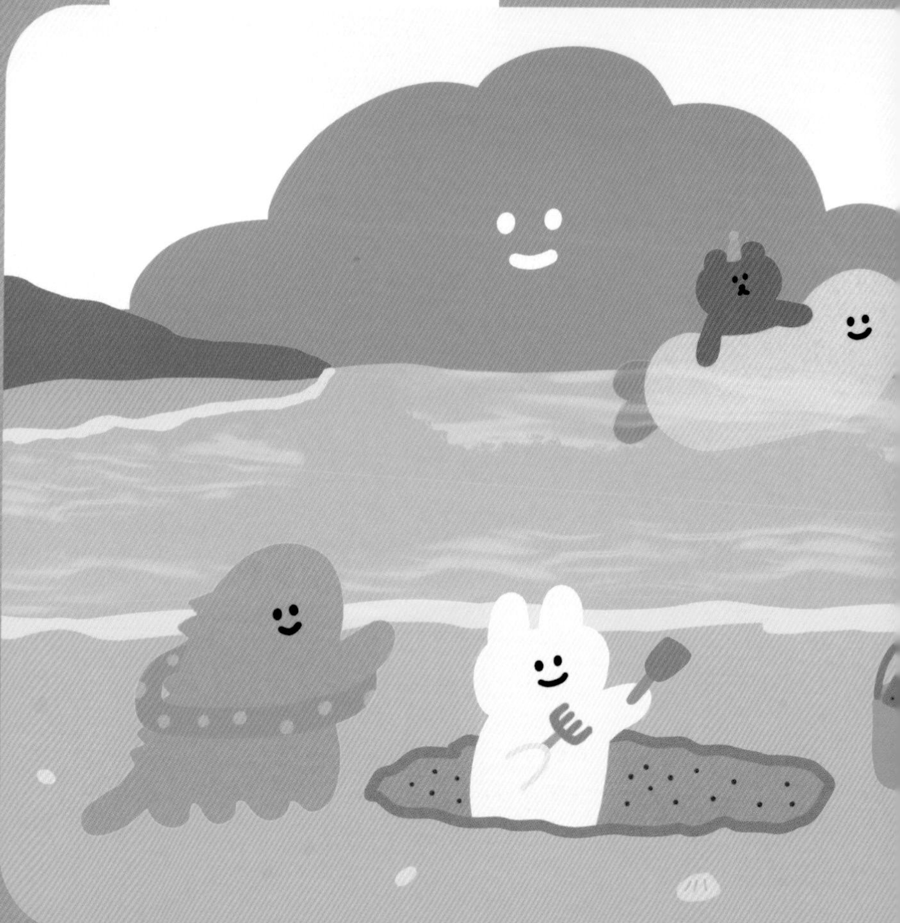

CHAPTER

2

我不是不好相處，
而是不想跟你相處

在我面前，
你不需要逞強，也不需要假裝自己很好。
逃跑的你，比誰都還勇敢！

好朋友，就是願意聽你說廢話，
再告訴你，你說的都是廢話，
然後又繼續聽你說廢話。

長大後，我們才明白，

不跟你說場面話的，才是真正的好朋友。

他們願意對你說真話，再忙也會把時間留給你；

每次一碰面，就互相哈拉打鬧，

要多幼稚就有多幼稚……

陪你一起做事的是同事
陪你一起厭世的是真同事‥

—— 温咖啡

出社會後，

有些人忙於家庭、有些人到外地工作，

以前大家總是說走就走，

但現在卻只剩下限時動態的問候。

—— 佚名

當你被誤解的時候，只要問心無愧就不必去解釋，
因為不相信你的人，打從一開始就不是朋友。

比鬼更可怕的，是人心。

沒必要為了迎合誰
而改變原有的自己
喜歡你的自然會留下
不喜歡你的請他離開

☺ 註：「꺼져」為韓語的滾開之意，唸起來音同「溝九」，不能隨便使用！

不必把太多人請進生命裡
需要靠討好來維持關係的
不過是過客

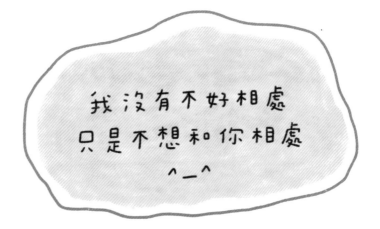

如果過年有哪個親戚問成績、問薪水、問結婚，
我就問候他的年收跟獎金。

長大後發現，
我們能夠擁有的時間真的好少，
少到只想把時間留給最重要的人。

要照顧所有人的感受
實在太難了

不如大膽的做自己
至少做自己
能讓你活得更開心

Live your life in your own way.

和關係夠好的朋友
聊天有個好處 ～
就是不需要花心思去想
該如何結束對話
即使已讀不回也沒關係

友誼就是表面互相嫌棄，
心中卻不離不棄。

雖然好朋友平常很愛互相傷害，
但遇到困難時，
總是第一個跳出來挺你。

出來!!!

珍惜那個
什麼大大小小的事
都想跟你分享的朋友

先不考慮他是不是吃飽太閒
能肯定的是他心裡一定有你

人生就是要有幾個
愛講幹話的朋友
才會有樂趣 ☺

＃榮登今日幹話王

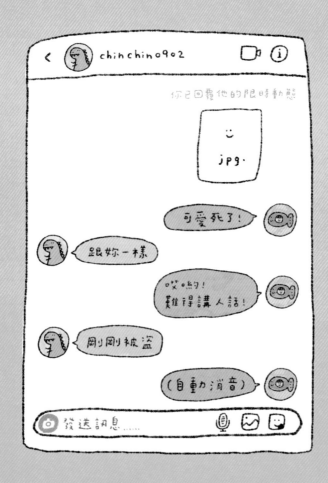

＃嗆你總比陰你好

如果呼吸會胖，就喝杯珍奶吧！

好朋友在一起，最有趣的就是，
總是會有那種只有彼此才懂的故事、祕密、代號，
或是兩個人一起哈哈大笑的梗。

你不說，我也懂，
這就是屬於我們的友情。

雖然我不一定能感同身受，
但我肯定是你的最佳聽眾。

其實我不太會說安慰的話，
但我選擇陪伴，無論再遠再忙，我都會在。
陪伴就是不論你需不需要，我隨時都在。

明明知道你無理取鬧、你做錯事，
還是會擔心你有沒有吃飽，

明明才剛吵完架，

卻願意停下來等你——這就是家人。

Today is my day !

想要和你一起努力、一起成長，
希望你可以過得很好，而我也不差。

CHAPTER

3

只有喜歡你，
是不能分享的

我分心了，我把我的心分給了你；
其實只要有你，我什麼都可以。

我分心了
我把我的心分給了你

當我的人生很迷惘
不知道接下來該怎麼走的時候
能不能
讓我先走進你心裡

Everything feels better with you by my side.

其實我還不錯
你要不要考慮喜歡我？

我喜歡尼是最浪漫的愚人節玩笑

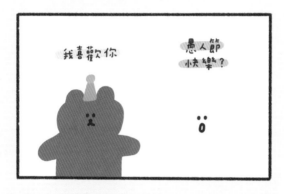

每一次相遇和錯過
都是為了在平凡中遇見你

在遇到合適的對象之前
我們唯一需要做的
就是讓自己足夠的美好

只要和喜歡的人在一起
好像不管怎麼消磨時間
都不覺得浪費

因為你
再平凡的芝麻小事
也讓我覺得有趣無比

最喜歡和你一起運動、一起窩在沙發追劇、一起耍廢閒聊，
然後關燈，抱抱入睡。

有了你，連不斷重複的無聊日常，我也忍不住開始期待。

不管是怎樣的我，在你眼裡都是最可愛。

若你愛一個人
就讓他做自己
而不是拚命的想改變他
只為了讓他成為你理想中的人

問問自己，
你愛的是他，
還是你對他的想像？

Falling in love is easy,
but staying in love is dif cult.

或許很多人都覺得，
分手就像世界毀滅，
但我的朋友有陣子感情很不順，
分手後，她決定嘗試各種新事物，
甚至一個人旅行。

她用行動證明了，

即使一個人，也要讓自己過得很好。

再難過，也別回頭。

如果在一起是為了幸福，那麼離開也是。

因為眞正愛你的人，不會讓你愛得如此卑微；

人生這麼長，世界如此大，

在某個角落，總有一個人，

會用 100% 的溫柔來回覆你的愛。

如果呼吸會胖，就喝杯珍奶吧！

我想最棒的一段關係是：

你是你，我是我，

哪怕有多相愛，也不過度依賴對方。

很累的時候，互吐苦水；

沮喪的時候，給予擁抱，

我們都能活成彼此眼中，

最棒的版本的自己。

抱抱

愛藏在生活中的
所有微小事物中
譬如替對方擠好牙膏

喜歡每個早晨
都有你的早安問候

如果要吵架，

不要吵太久，

我不喜歡缺了你的日子。

所以，你不要走太遠，

沒有你，我會忘記該怎麼喜歡我自己。

＃我們的日常

＃ 我的大確幸

如果我是金魚
你就是我7秒後
唯一記得的特例

想住在你心裡，
不長，就一生。

心很累的時候，
你的出現，總是可以讓我瞬間露出笑容！
對我來說，你就是這麼神奇的存在。

想和你一起練習傾聽、練習對話、練習陪伴，
很多時候，難過只需要一句安慰的話語，
加上一個溫暖的擁抱 ♡

CHAPTER

4

沒有誰會像你一樣，
在乎你自己的人生及夢想

不必因此對自己失望，
因為你已經勇敢這麼久了。
不需要為了誰努力，只要你對得起自己就好。

做自己喜歡的事、
做自己的主人，
人生是自己的。

別人的看法真的沒那麼重要，
因為沒有誰會像你一樣，
在乎你自己的人生及夢想。

一直猶豫，不敢踏出第一步？

沒關係的，
「勇氣是帶著害怕前進」。

——《勇敢小火車》

與其整天羨慕別人所擁有的，
不如好好爭取自己想要的；
不要讓對失敗的恐懼，
阻止你做真正想做的事情。

不試試怎麼知道
自己可以做得多好

人生有很多條路可以選
但你要知道，太容易走的路
可能無法帶你到任何地方

偶爾繞繞遠路，
搞不好能在轉角遇到更好的自己。

一定要學會出發
凡事多嘗試
就可以找到新的自己

再困難的事
只要你動手去做了
難度就會漸漸變小

大膽的走你想走的路
做你想做的事
:)

既然是第一次嘗試，就有理由不完美，
即使做得不好也沒關係，
失敗只代表你「還沒成功」。

要記住，人生就像登山，
用跑的困難重重，
但如果一步步扎實的走，
你就會離山頂越來越近。

只要值得去做，
就不怕路途遙遠。

找到熱愛的事情
就好好為它而努力
讓每一天變得更有價值

我在醫院工作了 3 年，
決定離職趁年輕做自己喜歡的事，
因為害怕家人會拒絕，
所以先斬後奏，交了離職單才跟家人報備，
結果沒想到家人都非常支持我。

在夢想這條路上，
家人、朋友永遠是你最強大的後盾。

如果呼吸會胖，就喝杯珍奶吧！

大家總是說不要輕易放棄，
但如果你已經盡了全力，
還是沒有辦法達成理想的目標，

選擇放棄也不必覺得丟臉，
至少你對得起那個曾經努力過的自己。

不須努力又可以有所收穫的，
大概只剩下年紀及體重了吧！

人生總是充滿著各種難題
有時候即使努力過了
也不一定會有好結果

不必因此對自己感到失望
因為你已經勇敢這麼久了

就算你做錯了，

這都沒關係，

重要的是我們什麼都沒錯過。

當你低潮的時候
就好好休息
整頓好自己之後
再找回往前走的決心

可以傷心，
但不要在傷心的地方徬徨太久。

其實呢

你比你想像中更厲害！

不要害怕悲傷情緒
與它好好共存相處
想哭就大聲的哭吧

當你需要我時
我一定會出現
我願意分擔你
所有的煩惱苦悶

每個人的生活都比我們想像的還要辛苦，

有些人光是平安活著，

就已經賭上了所有的運氣。

你所給的支持與鼓勵，

也許就是對方繼續前進的動力。

我知道
你一直都很努力著！

我曾經在女人迷的文章看到一段話：

「複製品和正品放在一起，
就是有說不出的不對勁感，
學得了外型，學不了其精神，
何必把自己的人生
活成不對勁的複製品？

複製別人的人生再好，
也不過是相形失色的 A 貨罷了。」

學會創造自己的風格，
找到自己的理念，
否則你偷來的，就只是一個複本。

Give your best in everything you do.

想當一坨大爛泥

吃飯飯

HAPPY

HALLOWEEN

從今以後
我們一起享受生活
越來越可愛的活下去吧

chichi♡

我的人生只需要
陽光、空氣、水

冬至。

其實只要有你
我什麼都可以

好認真的87小兔

wake up!

Stay
home

一起當
宅宅

或是當
肥宅？

chichi☺

求解！！！
下巴脫臼
怎麼辨？

HAVE A NICE :DAY

乖乖♡

最強女團

閃亮三小兔✦

home

HEY!

chichi

國家圖書館出版品預行編目（CIP）資料

如果呼吸會胖，就喝杯珍奶吧！：年年水
逆，沒有運氣，至少我還有勇氣；15 萬粉
絲 IG 金句作家 chichi 首部圖文書／chichi
圖 . 文 . -- 初版 . -- 臺北市：任性出版有限
公司 , 2022.12
144 面；14.8×19 公分 . --〔issue：45〕
ISBN 978-626-7182-02-4（平裝）

1. CST：自我實現　　2. CST：自我肯定

177.2　　　　　　　　　　111014941

issue 045

如果呼吸會胖，就喝杯珍奶吧！

年年水逆，沒有運氣，至少我還有勇氣；15 萬粉絲 IG 金句作家 chichi 首部圖文書

作者	chichi
責任編輯	黃凱琪、李芊芊
校對編輯	江育瑄
美術編輯	林彥君
副總編輯	顏惠君
總編輯	吳依瑋
發行人	徐仲秋
會計助理	李秀娟
會計	許鳳雪
版權主任	劉宗德
版權經理	郝麗珍
行銷企劃	徐千晴
行銷業務	李秀蕙
業務專員	馬絮盈、留婉茹
業務經理	林裕安
總經理	陳絜吾

出版者	任性出版有限公司
營運統籌	大是文化有限公司
	臺北市 100 衡陽路 7 號 8 樓
	編輯部電話：（02）23757911
	購書請洽：（02）23757911 分機 122
	24 小時讀者服務傳真：（02）23756999
	讀者服務：dscsms28@gmail.com
	郵政劃撥帳號：19983366　　戶名：大是文化有限公司

法律顧問	永然聯合法律事務所
香港發行	豐達出版發行有限公司 Rich Publishing & Distribution Ltd
	地址：香港柴灣永泰道 70 號柴灣工業城第 2 期 1805 室
	Unit 1805, Ph. 2, Chai Wan Ind City, 70 Wing Tai Rd, Chai Wan, Hong Kong
	電話：21726513　　傳真：21724355
	E-mail：cary@subseasy.com.hk

封面・內頁設計	卷里工作室 @gery.rabbit.studio
印刷	鴻霖印刷傳媒股份有限公司

出版日期	2022 年 12 月初版
定價	新臺幣 380 元（缺頁或裝訂錯誤的書，請寄回更換）
ISBN	978-626-7182-02-4
電子書 ISBN	9786267182062（PDF）　　9786267182079（EPUB）